项目管理简明读本

A CONCISE INTRODUCTION TO
PROJECT
MANAGEMENT

王家彬　牛义周／主　编

韩　璐　徐　倩　曲　辰／副主编

北京牡丹电子集团有限责任公司／编

社会科学文献出版社
SOCIAL SCIENCES ACADEMIC PRESS (CHINA)

牡丹集团简介

北京牡丹电子集团有限责任公司（简称"牡丹集团"）成立于1973年，是中国著名的传统电视生产商，创造了家喻户晓的"中国之花"——牡丹品牌。

牡丹集团经过两次重大战略转型，现已成功转型为科技和信息服务提供商及科技孵化业务运营商，致力于成为新兴的智慧园区和智能制造服务平台（牡丹 IMS 智慧 + 平台）的运营和解决方案提供商。

面向未来，牡丹将顺应互联网、物联网、云计算等技术融合发展大趋势，持续打造牡丹 IMS 智慧 + 服务平台，为中国北京电子信息产业的发展做出新的贡献。

目　录

第一部分：绪论

项目定义

项目：为完成某一独特的产品和服务所做的一次性努力，即用有限的资源、有限的时间为特定的客户完成特定目标的一次性工作。

- □ 资源：完成项目所需要的人、财、物
- □ 时间：项目明确的开始和结束时间
- □ 客户：提供资金、确定需求并拥有项目成果的组织和个人
- □ 目标：满足要求的产品、服务和成果

项目基本属性

- □ 过程的一次性
- □ 运作的独特性
- □ 目标的确定性
- □ 组织的临时性和开放性
- □ 成果的不可挽回性

项目与日常运作

- □ 共同点：实施主体是人，受制于有限的资源、需要计划、执行和控制
- □ 不同点：日常运作是持续不断和重复进行的；项目是临时性的、独特的

日常运作	项目
√ 重复进行	√ 暂时的
√ 持续不断	√ 独特的
√ 确定一组新目标并继续	√ 宣布目标实现时结束

项目管理

项目管理：在项目活动中运用知识、技能、工具和技术，使项目能够在有限资源限定条件下，实现项目目标，从而满足和超过项目干系人对项目的需求和期望的过程。

- √ 项目管理是对变化的管理
- √ 项目管理既是科学，又是艺术
- √ 项目管理是一门学科、专业、职业
- √ 项目管理是一种理念、一种方法

项目干系人

□ 项目干系人：利害相关者，积极参与项目或其利益，在项目执行中或成功后受到积极或者消极影响的组织和个人，项目干系人对项目的目的和结果施加影响

□ 项目当事人：属于项目干系人，但其对项目影响更为直接，其行为能影响项目的计划与实施

□ 项目经理、顾客、项目执行组织、项目团队成员、项目管理团队、出资人、项目管理办公室、政府、分销商和供应商、新闻媒体、潜在竞争对手和合作伙伴、社会公众等

□ 项目干系人对项目的影响随着项目的推进而减弱

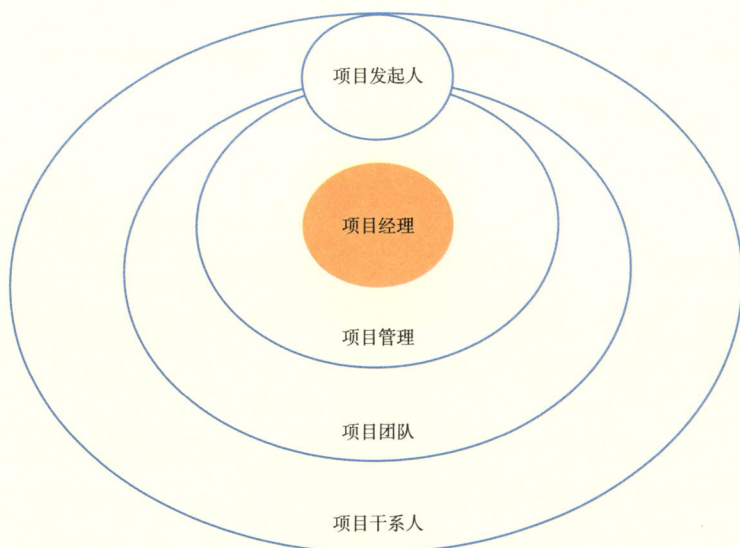

图 1 项目干系人与项目之间的关系

项目管理的发展历史

- □ 古代：埃及金字塔、古罗马尼姆水道、中国都江堰以及万里长城等
- □ 近代项目管理：发源于军事
  - ——1917 年，甘特图
  - ——20 世纪 50 年代，关键路径法（CPM）和技术评审技术（PERT）
  - ——20 世纪 60 年代，阿波罗登月计划
- □ 现代项目管理：20 世纪 80 年代后
  - ——工作分解结构（WBS）、蒙特卡罗模拟技术（MC）、挣值分析技术（EV）
  - ——注重人的因素，注重顾客，注重柔性管理，注重管理工具
  - ——时间、成本、质量、用户的认可与满意

中国项目管理的发展和现状

- □ 20 世纪 60 年代，华罗庚引入 PERT、运筹学等相关理论体系
- □ 20 世纪 80 年代，云南鲁布格水电站引水系统
- □ 20 世纪 90 年代，成立项目管理研究委员会、国家经济贸易委员会和国家外国专家局于中国科学院开始项目管理知识推广
- □ 2001 年开始建立《中国项目管理知识体系和资格认证标准》工作
- □ 建筑、国防工程最早应用项目管理

> ——大型项目数万个，资金数以千亿元计，从事项目管理人员数百万；
>
> ——重大项目管理人员不懂或者不精通项目管理；
>
> ——现代项目管理思想方法和组织应用较少，项目管理工具很少应用；
>
> ——项目严重拖期、超支普遍，重大事故频发

第二部分：项目生命期和组织

项目生命期和阶段性

- □ 将每一个项目划分为若干阶段，以便提高管理控制水平，并提供与该项目实施组织的日常运作之间的联系
  - □ 这些阶段合在一起成为项目生命期
  - □ 项目生命期通常可以分为启动、计划、控制实施、收尾四个阶段
  - □ 项目生命期与产品生命周期的区别
    - ——向市场推出一款手机的项目仅仅是产品生命期的一个方面。如产品生命期开始于经营计划，经过构思到产品再到日常经营和产品退出市场。而项目生命期则经历创造这一产品的一系列阶段，可以包括对这一产品的性能更新。在某些应用领域（新品或软件研发），项目生命期是产品生命期的一部分。

项目生命期与产品生命期

- □ 产品生命期通常为六个阶段
  - ——项目前阶段（项目孵化阶段）
  - ——项目阶段
  - ——运行阶段
  - ——维护阶段
  - ——扩展阶段
  - ——收尾阶段
- □ 第二阶段是项目生命期

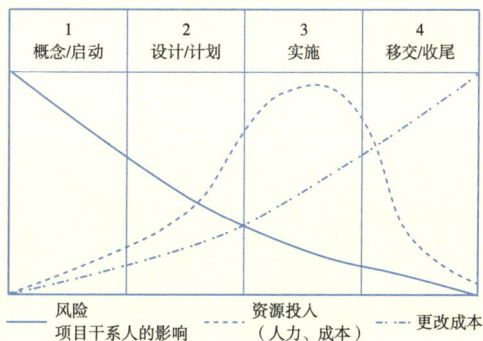

1 概念/启动	2 设计/计划	3 实施	4 移交/收尾

风险　项目干系人的影响　　资源投入（人力、成本）　　更改成本

图 2-1　项目生命期

9

组织对项目的影响

- □ 组织体系
  - ——以项目为主业的组织、不以项目为主业的组织
- □ 组织的文化和风格
  - ——价值观、行为准则、办事程序等
- □ 组织结构
  - ——对能够获得项目所需要的资源和以何种条件获取资源起制约作用

与项目有关的主要企业组织结构的关键特征

表 2-1 与项目有关的主要企业组织结构的关键特征

组织结构 / 项目特征	职能型	矩阵型			项目型
		弱矩阵	平衡矩阵	强矩阵	
项目经理权限	很小或没有	有限	小到中等	中等到大	很大，甚至全权
可利用的资源	很少或没有	有限	少到中等	中等到多	很多，甚至全部
控制项目预算者	职能经理	职能经理	职能经理与项目经理	项目经理	项目经理
项目经理的角色	半职	半职	全职	全职	全职
项目管理行政人员	半职	半职	半职	全职	全职

职能型组织

- 所有的项目内容都能在一条组织的分支内实现，即不需要其他部门的介入
- 项目的领导人一般就是部门经理，行使着他的日常权力

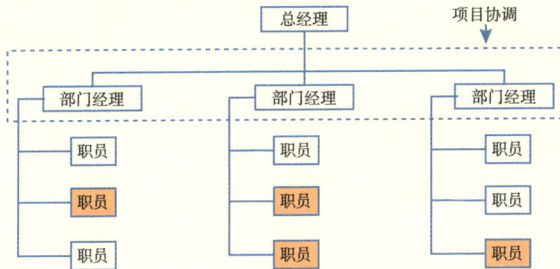

图 2-2　职能型组织结构

注：橙色方块表示该职员参与项目活动。

项目型组织

- 项目领导人以及项目成员，在项目执行期间完全脱离原来的组织分支，并且移至相同的地点进行工作
- 项目执行期间，项目领导人拥有一切权力

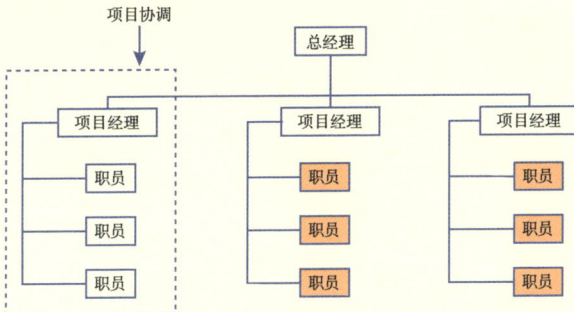

图 2-3　项目型组织结构

注：橙色方块表示该职员参与项目活动。

弱矩阵型组织

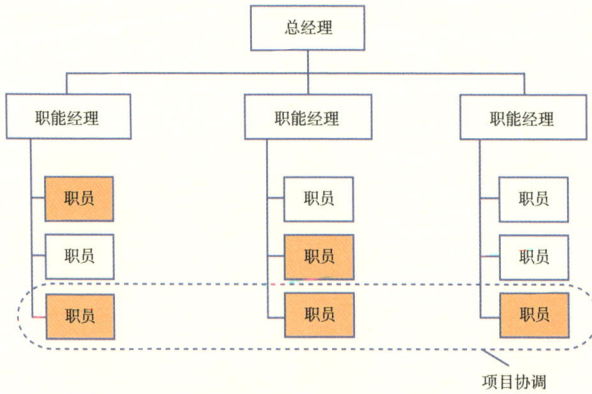

图 2-4　弱矩阵型组织结构
注：橙色框表示参与项目活动的职员。

□ 项目的领导人来自一条组织分支，需要其他组织分支的支持以实现项目的目标

□ 项目的领导人作为其他组织分支的客户，他既无人事权，也无绝对的技术分工权，一般只起协调的作用

平衡矩阵型组织

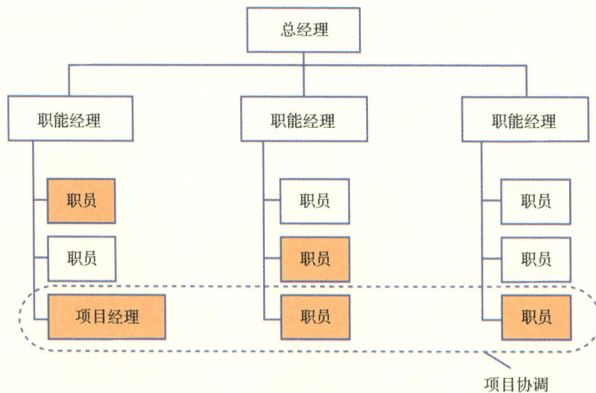

图 2-5　平衡矩阵型组织结构
注：橙色框表示参与项目活动的职员。

强矩阵型组织

□ 需要来自不同组织分支的人员的参与来完成项目的目标

□ 项目的领导人在项目执行期间，不属于任何组织分支，他是独立出来的。他对属于其他组织分支的项目成员，有着分工和相应程度的人事权

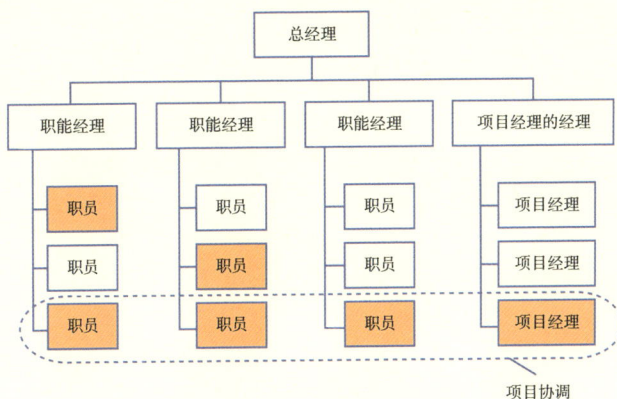

图 2-6　强矩阵型组织结构

注：橙色方块表示参与项目活动的职员。

复合型组织

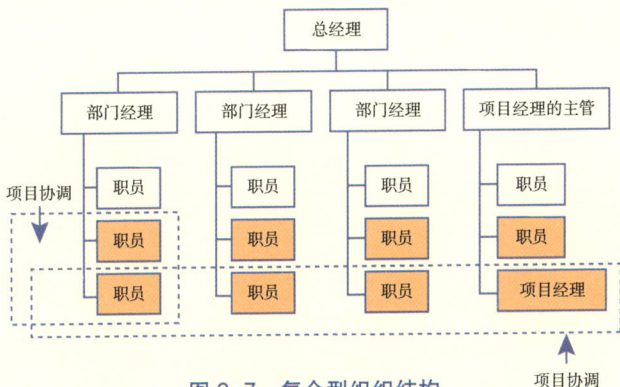

图 2-7　复合型组织结构

注：橙色方块表示参与项目活动的职员。

多数现代组织在不同层次上包含所有这些机构，所以，复合型组织结构也较为常见。即一个完全智能型的组织也可能会组建一个专业团队来操作重要项目，这样的团队也具有很多项目型组织的特征。

13

第三部分：项目管理的过程

项目管理过程

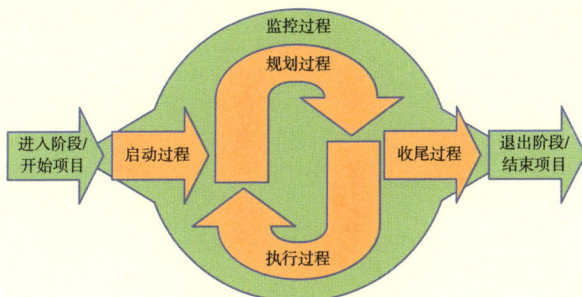

图 3-1 项目管理过程

与项目管理过程相关的另外一个概念，则是"戴明环"，也就是 PDCA 循环，即 Plan（计划）—Do（执行）—Check（检查）—Action（行动）。

项目启动：5W1H 法

□ Why：为什么要做项目，项目是基于什么背景，什么需求

□ What：项目想达到什么目标，为此投入的时间等成本是多少，可以用 SMART 原则来确定

□ When：项目的具体时间周期是什么

□ Where：项目需要在哪里做，能够投入哪些资源，项目风险可能出在哪里，如何进行应对

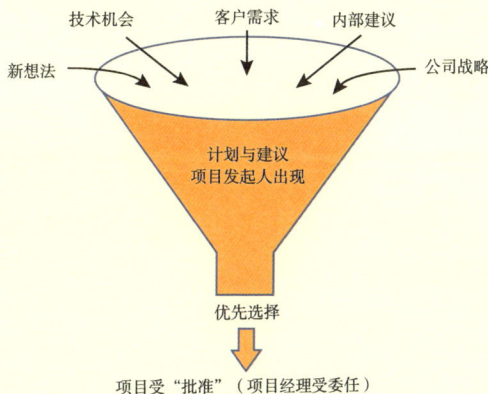

图 3-2 5W1H 法

□ Who：项目干系人都有哪些，具体的干系人之间如何进行排序

□ How：如何能够保证项目的顺利完成，在质量、时间、成本之间进行平衡

项目规划过程

项目规划主要包括定义项目的范围、制订项目管理计划、编制工作分解结构、成本估算、组建团队等内容。

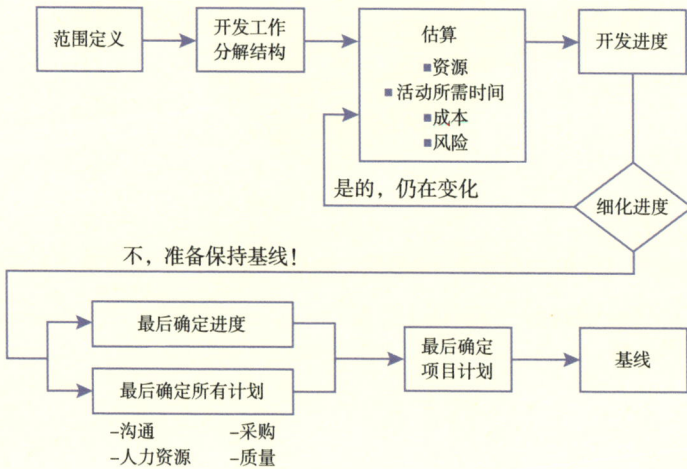

图 3-3　项目规划过程示意

项目执行及监控过程

此过程涉及人员和资源的整合、计划的一致性、偏差控制、问题预防和控制变更。主要包括如下几方面：

—— 指导和管理项目执行

—— 执行质量控制

—— 项目团队组建

—— 发布信息

—— 合作选择

—— 监督检查及反馈

项目收尾过程

项目收尾过程主要包括项目收尾和合同收尾两部分内容。

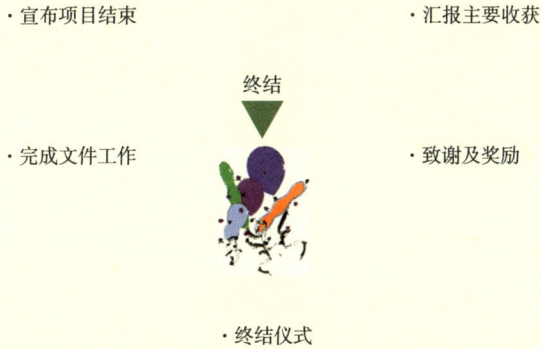

·宣布项目结束   ·汇报主要收获

终结

·完成文件工作   ·致谢及奖励

·终结仪式

图 3-4　项目收尾过程

第四部分：项目的可行性研究与评估

成功项目三要素

☐ 按时完成

☐ 预算内

☐ 质量符合功能以及性能的预期要求

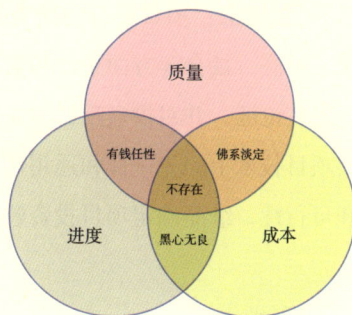

图 4-1 成功项目三要素

项目论证

项目论证一般分为机会研究、初步可行性研究和详细可行性研究三个阶段。

☐ 机会研究——寻找机会、鉴别方向

☐ 初步可行性研究——是否可行、能否盈利

☐ 详细可行性研究——经济技术论证、选择最优方案

编制的一般性程序为：

——明确项目范围

——收集分析相关资料

——研究拟订多种方案

——多种方案比较选择

——最优方案的论证（包括市场预测、产品方案、规模和用地设想、人力及培训、现金流量及经济财务分析等）

——资金筹措计划

——项目实施进度计划

可行性研究

□ 定义：项目可行性研究是指在项目投资决策前，通过对项目有关工程技术、经济、社会等方面条件和情况的调查研究和分析，对各种可能的技术方案进行比较论证，并对投资项目建成后的经济效益和社会效益进行预测和分析，以考察项目技术上的先进性和通用性、经济上的合理性和盈利性，以及建设的可能性和可行性，继而确定项目投资建设是否可行的科学分析方法

□ 要素：

——技术可行性　　　　　　——组织体制可行性

——财务可行性　　　　　　——经济可行性

——生态和社会可行性　　　——风险和不确定性

可行性研究报告简版

第一章：概述

第二章：项目技术背景

第三章：产品现状分析

第四章：技术方案

第五章：实施进度

第六章：投资估算和资金筹措

第七章：人员及培训

第八章：风险分析

第九章：经济及社会效益分析

第十章：结论建议及附件

项目建议书

- ☐ 项目的必要性
- ☐ 项目产品或服务的市场预测
- ☐ 产品方案、项目规模和用地设想
- ☐ 项目建设必需的条件、已具备和尚不具备的条件分析
- ☐ 投资估算和资金筹措设想
- ☐ 经济效果和投资效益的估计

第五部分：项目管理的主要内容

项目管理主要内容

☐ 美国项目管理协会（Project Management Institute，PMI），是项目管理全球性的专业组织机构，制定了项目管理的行业标准。其编写的《项目管理知识体系指南》（Project Management Body Of Knowledge，PMBOK 指南）是项目管理领域最权威的教科书

☐ 项目管理知识体系

☐ ISO10006 项目管理标准

☐ 十大基本内容：项目整体管理、项目范围管理、项目时间管理、项目成本管理、项目质量管理、项目人力资源管理、项目沟通管理、项目风险管理、项目采购管理以及项目干系人管理

项目管理主要内容（10 项）

☐ 项目整体管理——对项目的不同过程和活动进行识别、定义、整合、统一和协调的过程

☐ 项目范围管理——为了实现项目的目标，对项目的工作内容进行控制的管理过程。它包括范围的界定、范围的规划、范围的调整等

☐ 项目时间管理——为了确保项目最终按时完成的一系列管理过程。它包括具体活动的界定，例如，活动排序、时间估计、进度安排及时间控制等工作

☐ 项目成本管理——为了保证完成项目的实际成本、费用不超过预算成本、费用的管理过程。它包括资源的配置，成本、费用的预算以及费用的控制等工作

☐ 项目质量管理——为了确保项目达到客户所规定的质量要求所实施的一系列管理过程。它包括质量规划、质量控制和质量保证等

项目管理主要内容（10 项）

☐ 项目人力资源管理——为了保证所有项目干系人的能力和积极性都得到最有效地发挥和利用所采取的一系列管理措施。它包括组织的规划、团队的建设、人员的选聘和项目的班子建设等一系列工作

☐ 项目沟通管理——为了确保项目信息的合理收集和传输所需要实施的一系列措施。它包括沟通规划、信息传输和进度报告等

☐ 项目风险管理——涉及项目可能遇到的各种不确定因素。它包括风险识别、风险量化、制定对策和风险控制等

☐ 项目采购管理——为了从项目实施组织外获得所需资源或服务所采取的一系列管理措施。它包括采购计划、采购与征购、资源的选择以及合同的管理等项目工作

☐ 项目干系人管理——对项目干系人需要、希望和期望的识别，并通过沟通上的管理来满足其需要、解决其问题的过程。项目干系人管理将会赢得更多人的支持，从而能够确保项目取得成功

项目整体管理

- ☐ 项目整体管理是项目管理中一项综合性和全局性的管理工作
- ☐ 各个相互冲突的目标与方案之间权衡取舍
- ☐ 项目整体管理的过程主要包括：

  —— *制定项目章程*

  —— *制定初步的项目范围说明书*

  —— *制订项目管理计划*

  —— *指导和管理项目执行*

  —— *监督和控制项目工作*

  —— *整体变更控制*

  —— *项目收尾*

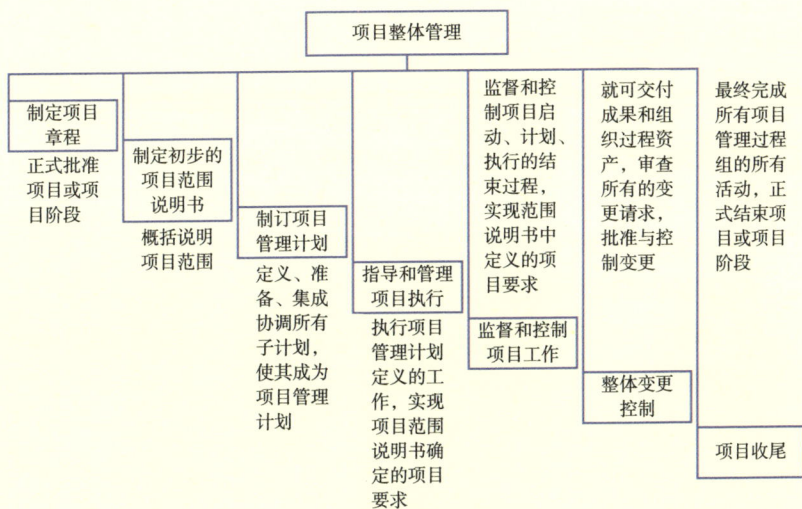

图 5-1　项目整体管理

➢ 制定项目章程

□ 用途：项目章程是正式批准的一个项目文档，用于授权项目经理在项目活动中动用组织的资源，建立项目与组织日常工作之间的联系

□ 签发人：项目发起人或组织中项目之外的相应层级的领导

□ 主要内容：项目需求

项目概述或产品需求；项目目的或上项目的理由；项目干系人的需求和期望，委派的项目经理与权限级别；里程碑计划进度表；职能组织及其参与；组织、环境与外部假设；组织、环境与外部制约因素；论证项目的投资收益率；总体预算。

□ 工具和技术：收益测量方法、数学模型法、专家判断法（德尔菲法）、项目信息管理系统（PMIS）

项目范围管理

□ 项目范围管理包含一系列子过程，用以确保项目包含且只包含达到项目成功所必须完成的工作

□ 主要关注项目内容的定义和控制，即包括什么，不包括什么

□ 项目范围管理主要内容包括：

　——范围计划编制　　　　　——范围定义　　　——创建工作分解结构（WBS）

　——范围确认　　　　　　　——范围控制

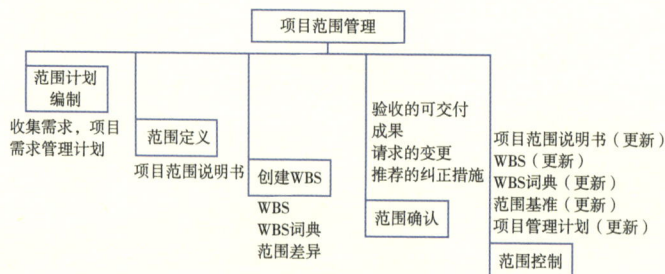

图 5-2　项目范围管理

➤ 工作分解结构（WBS）

□ 工作分解结构（Work Breakdown Structure，WBS) 作为项目管理的一种核心方法，是一种以结果为导向的分析方法。主要应用于项目的范围管理，它是一种在项目全范围内分解和定义各层次工作包的方法，是项目管理工作的基础

□ 把一个项目，按一定的原则分解，项目分解成任务，任务分解成一项项工作，再把一项项工作分配到每个人的日常活动中，直到分解不下去为止。即项目→任务→工作→日常活动

□ 常用的工作分解结构有两种表示形式：

——分级的树形结构，类似组织机构图。层次清晰，直观，结构性强，但不易修改。适合较小的应用项目。

——表格形式，类似分级的图书目录。能够反映项目所有工作要素，但直观性差。适合较大、复杂的应用项目。

□ 可以有多种分解方式：根据物理结构、功能、地域分布、目标、部门、职能等

➤ 工作分解结构示例图

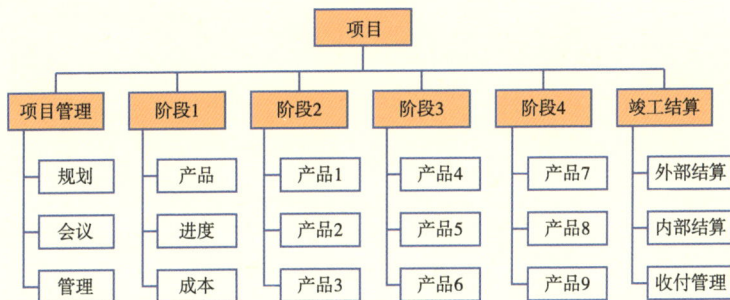

图 5-3　分级的树形工作分解结构

序号	项目	部门	分类	本周进展情况	状态	原因描述	下周工作计划	需要协调的工作
1	项目1 ▼ +−	投资部 ▼ +−	投资部 ▼ +−	1. 2.			1. 2. 3.	1. 2. 3. 4.
2	项目1 ▼ +−	投资部 ▼ +−	投资部 ▼ +− 投资部 ▼ +−	1. 1.			1. 1.	1. 1.
			投资部 ▼ +−	1. 2. 3. 4.			1.	1.
3	项目1 ▼ +−	投资部 ▼ +−	投资部 ▼ +−	1.			1.	1.
4	项目1 ▼ +−	投资部 ▼ +−	投资部 ▼ +−	1.			1.	1.
5	项目1 ▼ +−	投资部 ▼ +−	投资部 ▼ +−	1.			1.	1.
6	项目1 ▼ +−	投资部 ▼ +−	投资部 ▼ +−	1.			1.	1.
7	项目1 ▼ +−	投资部 ▼ +−	投资部 ▼ +−	1.			1.	1.
8	项目1 ▼ +−	投资部 ▼ +−	投资部 ▼ +−	1.			1.	1.
9	项目1 ▼ +−	投资部 ▼ +−	投资部 ▼ +−	1.			1.	1.

图 5-4　表格形式的工作分解结构示意

项目时间管理

☐ 项目时间管理包括使项目完成所必需的管理过程

☐ 考虑进度安排时，要把人员的工作量与花费的时间联系起来，合理分配，利用进度安排的有效分析方法来严密监视项目的进展情况，保证项目进度不被拖延

☐ 项目时间管理的过程包括：

——*活动定义*

——*活动排序*

——*活动资源估算*

——*活动历时估算*

——*进度计划制订*

——*进度控制*

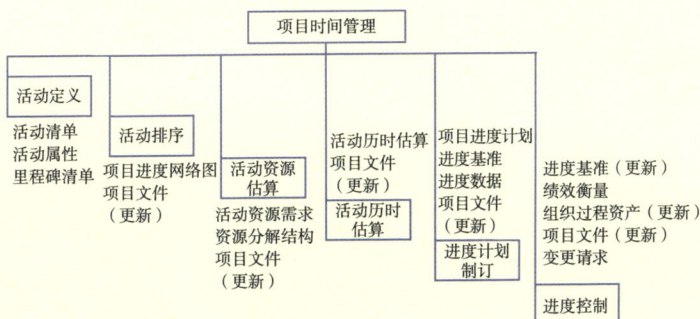

图 5-5　项目时间管理

➤ 项目活动历时估算——三点估算法（PERT 法）

▬▬▬▬▬▬▬▬▬▬▬▬▬▬▬▬▬▬▬▬▬▬▬▬▬▬▬▬▬▬

□ 计划评审技术：20 世纪 50 年代美国军方北极星潜艇项目首次使用

□ 一种概率方法

期望值 =（最乐观时间 +4× 最可能时间 + 最悲观时间）/6

标准差 =（最悲观时间 – 最乐观时间）/6

The SD（标准差）	概率
一个 SD	68.3%
两个 SD	95.4%
三个 SD	99.7%

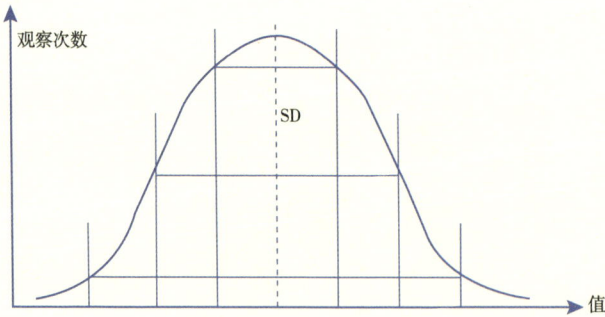

图 5-6　三点估算法

➢ 进度网络分析——关键路径法

□ 关键路径又称为计划工期，通过将项目分解成多个独立的活动并确定每个活动的工期，然后用逻辑关系（结束－开始、结束－结束、开始－开始和开始－结束）将活动连接，从而计算项目的工期、各个活动的时间特点（最早最晚时间、时差）等

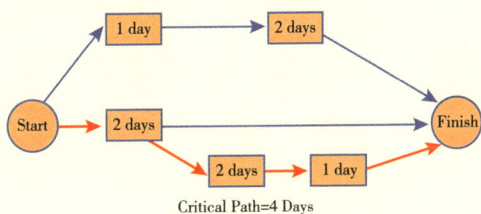

图 5-7　关键路径法

➢ 进度计划控制——甘特图

□ 甘特图（Gantt Chart）是由亨利·甘特于 1917 年开发的，他通过条状图来显示项目、进度和其他与时间相关的系统进展的内在关系随着时间的推移进展的情况

□ 横轴表示时间，纵轴表示活动（项目）。线条表示在整个期间上计划和实际活动的完成情况。甘特图可以直观地表明任务计划在什么时候进行，及实际进展与计划要求的对比。甘特图对于项目管理来说是一种理想的控制工具

图 5-8　任务甘特图

➢ 其他工具

☐ 前导图法（PDM）：又称单代号网络图，是一种利用节点表示活动、用箭线表示活动逻辑关系的项目网络图。项目管理软件多用此法。4 种依赖关系：FS（完成 - 开始）、SS（开始 - 开始）、FF（完成 - 完成）、SF（开始 - 完成）

☐ 箭线图法（ADM）：又称双代号网络图，是用箭线同时表示任务和其逻辑关系的一种网络图表示方法。只使用 1 种依赖关系——完成 - 开始，依赖关系使用相对较少

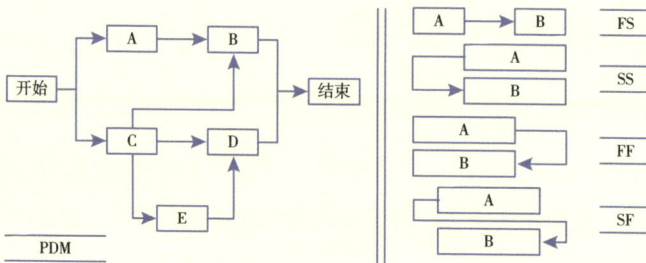

图 5-9　前导图法

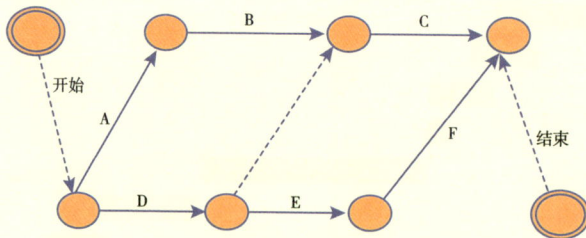

图 5-10　箭线图法

➤ 其他工具

☐ 里程碑图：通过建立里程碑和检验各个里程碑的到达情况，来控制项目工作的进展，以保证总目标的实现

☐ 时间网络图：以水平时间坐标为尺度表示工作时间。坐标的时间单位应根据需要在编制网络计划前确定，可以是小时、天、周、月或季度等

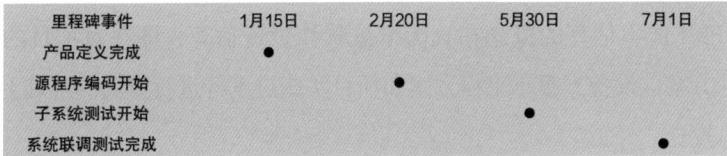

图 5-11　里程碑图

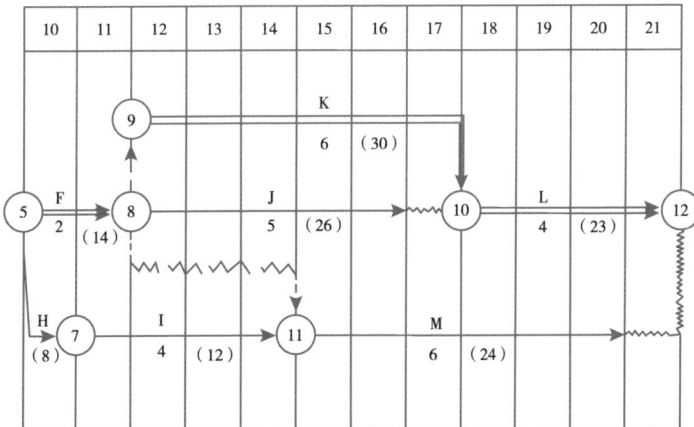

图 5-12　时间网络图

项目成本管理

□ 项目成本管理是指在项目的实施过程中，为了保证完成项目所花费的实际成本不超过其预算成本而展开的项目成本估算、项目预算编制和项目成本控制等方面的管理活动

□ 项目成本管理包括批准的预算内完成项目所需要的诸过程，如下：

——*成本估算（类比估算法、确定资源费率、工料清单法等）*

——*成本预算（成本总计、管理储备、参数模型）*

——*成本控制（成本变更控制系统、绩效测量等）*

□ PMI 成本估算的概念在我国常被称作投资估算，即在对项目的建设规模、技术方案、设备方案、工程方案和项目实施进度等进行研究的基础上，估算项目的总投资

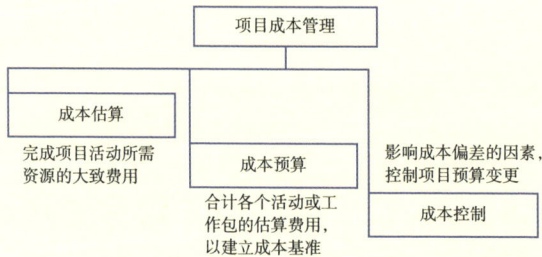

图 5-13　项目成本管理

➢ 项目成本管理相关工具

━━━━━━━━━━━━━━━━━━━━━━━━━━━━

☐ 成本估算工具

——类比估算法：又称自上而下估算法，最简单的成本估算工具，实质上是一种专家判断法。

——工料清单法：自下而上的成本估算法，精准，但实操耗时耗费巨大。

——其他管理软件。

☐ 成本预算工具

——成本总计、管理储备、参数模型、支出的合理化原则等。

☐ 成本控制工具

——绩效测量：用于估算确实发生的任何变化的大小，如挣值分析法。

——预测技术：完工估算（EAC）。

——项目绩效评估：偏差分析、趋势分析、挣值分析等。

——其他管理软件。

◎ 成本估算——类比估算法

━━━━━━━━━━━━━━━━━━━━━━━━━━━━

☐ 成本估算又称为自上而下估算法，是一种最简单的成本估算工具，顾名思义，是通过同以往类似项目相比得出估算，为了使这种方法更为可靠和实用，进行类比的以往项目不仅在形式上要和新项目相似，而且在实质上也要非常相似

☐ 操作步骤是：首先，项目的上层管理人员收集以往类似项目的有关历史资料，以过去类似项目的参数值（持续时间、预算、规模、重量和复杂性等）为基础，并且依据自己的经验和判断，估算当前（未来）相同项目的总成本和各分项目的成本；其次，将估算结果传递给下一层管理人员，责成他们对组成项目和子项目的任务和子任务的成本进行估算，并继续向下传送其结果，直到项目组的最基层人员

☐ 优点：简单易行，花费较少，尤其是当项目的资料难以取得时，此方法是估算项目总成本的一种行之有效的方法

☐ 局限性：依据经验进行估算，准确性相对较差

◎ 成本控制——挣值分析法

挣值管理是一种综合了范围、时间、成本、绩效测量的方法，通过与计划完成的工作量、实际挣得的收益、实际的成本进行比较，可以确定成本、进度是否按计划执行。挣值通过项目开始时的计划与所完成的工作进行比较，给出了一个项目何时完工的估算，通过从项目已经完工的部分进行推算，项目经理可以估计出项目完工的时候，将会花费多少资源。

挣值分析法是测量绩效最常用的方法，主要涉及 4 个关键指标：

□ 计划值（Plan Value，PV），是完成计划工作量的预算值。PV 主要反映进度计划应当完成的工作量，而不是反映应消耗的工时或费用

计算公式是：PV= 计划工作量 × 预算定额。

□ 实际成本（Actual Cost，AC），所完成工作的实际支出成本。AC 主要反映项目执行的实际消耗指标

□ 挣值（Earned Value，EV），实际完成工作的预算价值

计算公式是：EV= 已完成工作量 × 预算定额。

□ 剩余工作的成本估算（Estimate to Completion，ETC），完成项目剩余工作预计要花费的成本

计算公式是：ETC= 总的 PV– 已完成的 EV= 剩余工作的 PV × 成本绩效指数（CPI）。

◎ 成本控制——挣值分析法

挣值分析法的四个评价指标为成本偏差（CV）、进度偏差（SV）、成本绩效指数（CPI）和进度绩效指数（SPI）：

☐ 成本偏差（Cost Variance, CV）（CV=EV−AC）

CV>0 时，项目实施处于成本节省状态；

CV<0 时，项目实施处于成本超支状态。

☐ 进度偏差（Schedule Variance, SV）（SV=EV−PV）

SV>0 时，项目实施超过计划进度；

SV<0 时，项目实施落后于计划进度。

☐ 成本绩效指数（Cost Performance Index, CPI）：项目挣值与实际成本之比（CPI=EV/AC）

CPI>1 时，成本节约，实际成本小于计划成本，资金使用效率高；

CPI<1 时，成本超支，实际成本大于计划成本，资金使用效率低。

☐ 进度绩效指数（Schedule Performance Index, SPI）（SPI=EV/PV）

SPI>1 时，进度超前，进度效率高；

SPI<1 时，进度延误，进度效率低。

项目质量管理

☐ 质量：ISO9000 定义为"一组固有特性满足需求的程度"，美国质量管理协会定义为"过程、产品或服务满足明确或隐含的需求能力的特征"

☐ 项目质量管理是指为确保项目能够满足所要执行的需求的过程，包括质量管理职能的所有活动，具体包括执行组织关于确定方针、目标和职责的所有活动，使项目可以满足其需求。它通过质量规划、质量保证、质量控制程序和过程以及连续的过程改进活动来实现

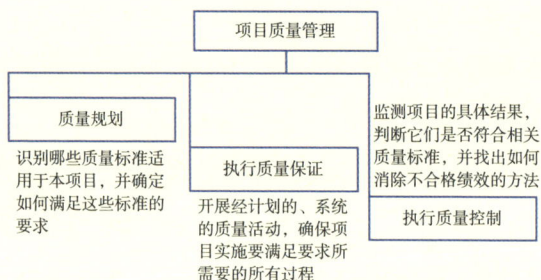

图 5-14　项目质量管理

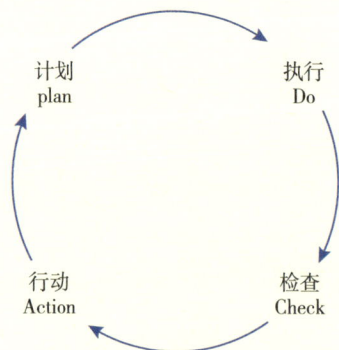

图 5-15　项目质量管理

☐ 质量规划——成本效益分析、基准分析、实验设计、质量成本（项目价值的3%~5%）等

☐ 执行质量保证——质量规划的工具、质量审计、过程分析、基准分析等

☐ 执行质量控制——检查、控制图（管理图）、帕累托图、统计抽样、流程图、趋势分析、散点图、直方图、6δ管理法等

➤ 质量规划——实验设计

实验设计（Design of Experiments, DOE）是一种统计分析技术，通过识别找出哪些变量对项目结果的影响最大。主要用于解决项目产品或服务问题，也可以用于解决成本和进度计划平衡的项目管理问题。

- □ 一种统计方法
- □ 以比较低的成本找到有重大影响的变量
- □ 帮助识别哪些因素将影响产品或某种变量
- □ 多用于项目产品上。例如，汽车设计中确定哪种悬置与车轮的搭配效果最好，并且价位合理
- □ 可以系统地改变所有重要因素，而非一次只改变一个重要因素
- □ 揭示影响结果的因素以及因素间的交互作用

➤ 质量规划——质量成本

质量成本由戴明提出，是指为了达到产品或服务质量预期目标而进行的全部工作所发生的所有成本。

- □ 一般设定项目价值 3%~5% 作为质量管理成本；
- □ 分为三种类型：

  预防成本（Prevention Cost）

  评估（鉴定）成本（Appraisal Cost）

  失败（缺陷）成本：内部失败（缺陷）成本（Internal Failure Cost），外部失败（缺陷）成本（External Failure Cost）

表 5-1　三种类型质量成本

分类		要素	
预防成本		培训 工艺能力研究	制造商/供货商调查
评估（鉴定）成本		检验和试验 检验和试验设备的维护 处理和报告检查数据的费用	设计审查 内部设计审查和走查 费用审查
失败（缺陷）成本	内部失败（缺陷）成本	废料和返工 与推迟罚款相关的费用 缺陷造成的库存成本	设计变更成本 初期失败率 更改文档
	外部失败（缺陷）成本	担保成本 现场服务人员培训 产品责任诉讼	处理投诉 未来经营损失

➤ 质量规划——质量管理计划

质量管理计划描述了项目管理团队将如何把执行组织的质量方针付诸实践。

☐ 为整体项目计划提供依据

☐ 考虑项目质量控制、质量保证和过程持续改进问题

☐ 涵盖项目前期的质量工作，以确保先期决策（如概念、设计和试验）正确无误

☐ 正式或非正式

☐ 概括或详细

➤ 质量规划工具——质量检查表

质量检查表（Quality Checklist），是一种组织化的管理手段，是一种结构化工具，用于核实所要进行的各个步骤是否已经完成，使数据收集变得快捷而又容易。

☐ 应认真设计核对单，这样才能使数据具有效用

☐ 常用祈使句，如"是否完成这项工作"

☐ 通常用于收集有关的缺陷事项的数量、缺陷位置所在以及产生缺陷原因的数据资料

☐ 许多组织有专门的检查表

➤ 质量控制相关工具——因果图

□ 因果图又称鱼骨图，用于直观地显示潜在问题或结果与各种因素之间的联系，描述相关的各种原因以及子原因如何对质量产生潜在的影响

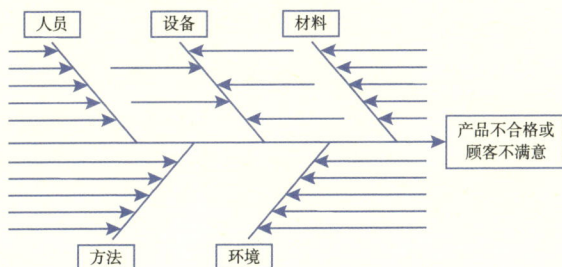

图 5-16 4M1E

□ 人机料法环，又称 4M1E，是五个影响产品质量的主要因素的简称。人，是指制造产品的人员；机，是指制造产品所用的设备；料，是指制造产品所使用的原材料；法，是指制造产品所使用的方法；环，是指产品制造过程所处的环境

➤ 质量控制相关工具——控制图

□ 控制图又称管理图，用于决定一个过程是否稳定或者是否可执行，是反映生产程序随时间变化而发生的质量变动的状态图形，即过程结果在时间坐标上的一种图线表示法

□ 以取样时间为横坐标，以质量特征值为纵坐标，分别划出上下控制界限和中心线

□ 有助于及时判断异常波动的存在，将质量特性控制在正常质量波动范围内

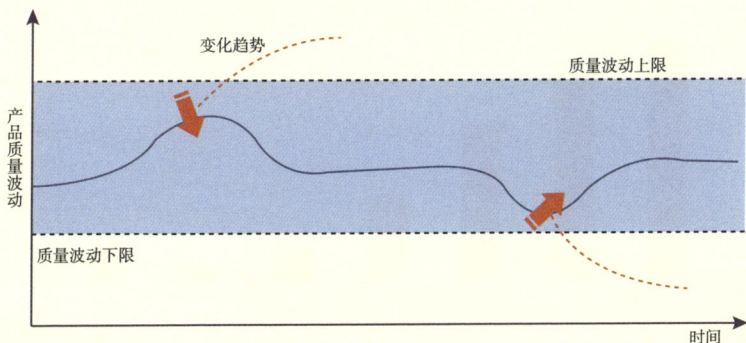

图 5-17 控制图

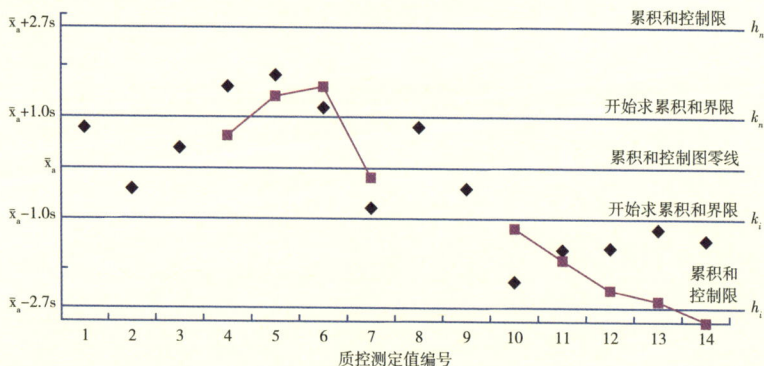

图 5-18　积累和控制图

➢ 质量控制相关工具——帕累托图

☐　帕累托图来自帕累托定律，该定律认为绝大多数的问题或缺陷产生于相对有限的起因，即 80/20 法则，20% 的原因造成 80% 的问题

☐　又称排列图，是一种特殊直方图，按事件发生的频率排序而成，显示每种已识别的原因分别导致了多少缺陷

☐　排序的目的是有重点地采取纠正措施。项目团队首先要处理那些导致最多缺陷的原因

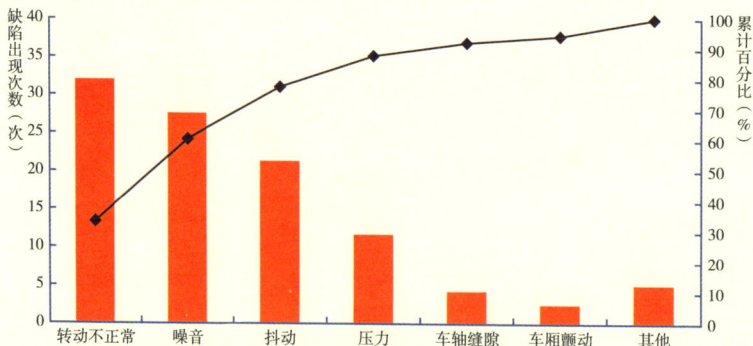

图 5-19　帕累托分析

➤ 质量控制相关工具——趋势图

☐ 趋势图用于反映偏差的历史和规律，多反映一个过程在一定时间段的趋势、偏差情况以及过程的改进或恶化

☐ 趋势分析是根据历史结果，利用数学工具预测未来的成果，常用来检测如下几种绩效：

技术绩效：多少错误或缺陷已被确认，还剩多少没有纠正。

成本和进度绩效：每个时期有多少活动完成时有显著偏差。

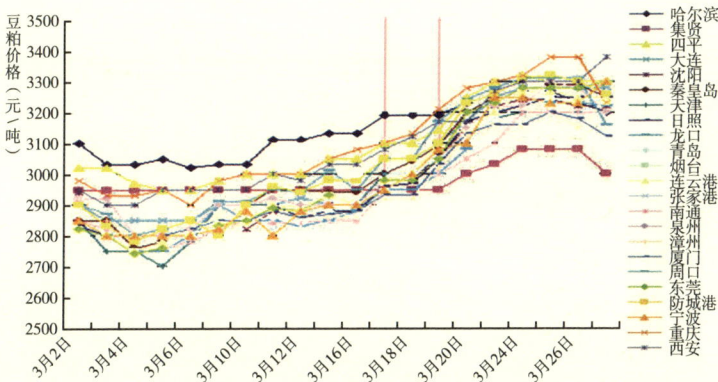

图 5-20　2009 年 3 月豆粕价格趋势

➤ 质量控制相关工具——散点图

□ 散点图显示两个变量之间的关系和规律：积极的、消极的，还是两者毫无关系

□ 散点图不能证明一个变量的变化引起另一个变量的变化，但它有助于说明是否存在某种关系，也可以说明这种关系的强度

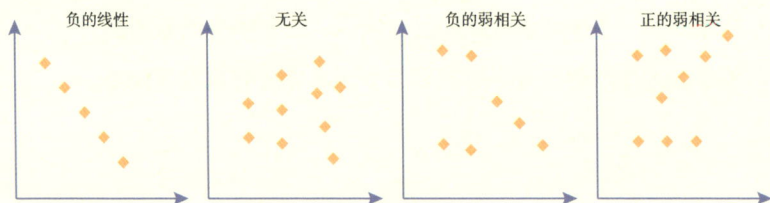

负的线性　　无关　　负的弱相关　　正的弱相关

图 5-21　散点图

➤ 其他工具

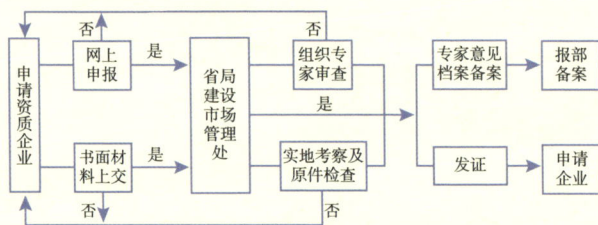

图 5-22　企业申请资质流程

注："是"代表符合条件，"否"代表不符合条件。

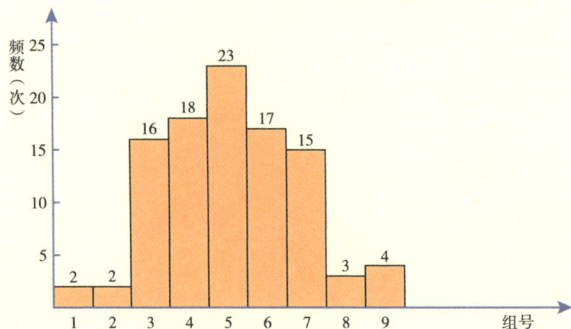

图 5-23　直方图

项目人力资源管理

☐ 项目人力资源管理就是有效发挥每一个参与项目人员作用的过程。人力资源管理包括组织和管理项目团队所需的所有过程

☐ 项目团队由为完成项目而承担相应角色和责任的人员组成，团队成员应该参与大多数项目计划和决策工作。项目团队成员就是项目的人力资源

☐ 项目人力资源管理的过程包括

——*组织计划编制*   ——*组建项目团队*

——*项目团队建设*   ——*管理项目团队*

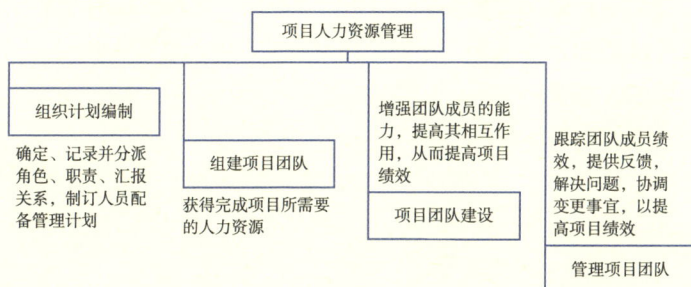

图 5-22 项目人力资源管理

➤ 团队的 7 个特征

☐ 明确的团队目标

☐ 资源共享

☐ 个体拥有差异性

☐ 良好的人际关系

☐ 共同的价值观和行为规范

☐ 归属感

☐ 有效的授权

➤ 组建项目团队 4 种方式

□ 事先分派：项目是方案竞标承诺的结果，项目依赖于某些专家，项目章程指派

□ 谈判（多数情况）：项目管理团队必须与职能经理协商，确保所需的员工可以在需要时间到岗并完成工作。与职能经理；与其他 PM 班子（稀缺、特殊）

□ 对外招募：雇人或转包

□ 虚拟团队：具有共同目标，在完成角色任务过程中基本或完全没有面对面工作的一组人员，完全依赖于现代通信技术，如电子邮件、视频会议等

① 克服工作地点分散的困难

② 增加具有特殊技能和专业知识但不在同一地理区域的专家

③ 可以把 SOHO 人员、不同工作时段的人纳入虚拟团队

④ 降低差旅费

⑤ 沟通规划尤其重要

➤ 项目团队建设 7 个理论

□ 马斯洛需求层次理论

——认为人类的行为受一系列需求的引导和刺激。最底层是生理需要，往上分别是安全需要、社交需要、尊重需要以及自我实现需要。

□ 赫茨伯格双因素理论

——人有两种不同类型的需要，它们彼此是独立的，但能够以不同的方式影响人们的行为。双因素理论认为满意的对立面是没有满意，而不是不满意；同样，不满意的对立面是没有不满意，而不是满意。赫茨伯格提出，主要有两类因素影响人们的行为：保健因素和激励因素。

□ 麦格雷戈 XY 理论

——一对完全基于两种完全相反假设的理论，X 理论认为人们有消极的工作原动力，而 Y 理论则认为人们有积极的工作原动力。

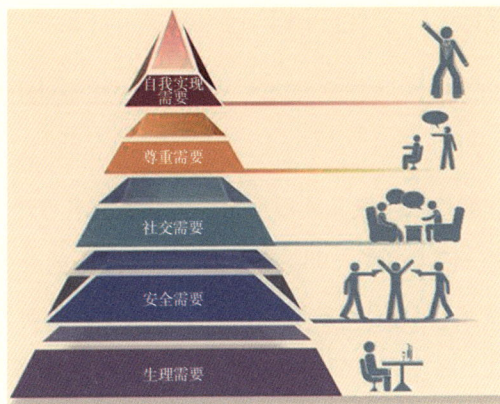

图 5-25　马斯洛需求层次理论

➢ 项目团队建设 7 个相关理论

- ☐ Z 理论
  - ——Z 理论认为，一切企业的成功都离不开信任、敏感与亲密，因此，主张以坦白、开放、沟通为基本原则来实行"民主管理"。创始人威廉大内把由领导者个人决策、员工处于被动服从地位的企业称为 A 型组织，他认为当时研究的大部分美国机构都是 A 型组织。
- ☐ 亚当斯的公平理论
  - ——公平理论是由美国学者亚当斯在综合有关分配的公平概念和认知失调的基础上，于 20 世纪 60 年代提出的一种激励理论。公平理论认为，人能否受到激励，不但是由他们得到了什么而定，还要由他们所得与别人所得是否公平而定。当人们感到不公平待遇时，在心里会产生苦恼，呈现紧张不安，导致行为动机下降，工作效率下降，甚至出现逆反行为。个体为了消除不安，一般会出现以下一些行为措施：通过自我解释达到自我安慰，造成一种公平的假象，以消除不安；更换对比对象，以获得主观的公平；采取一定行为，改变自己或他人的得失状况；发泄怨气，制造矛盾；暂时忍耐或逃避。

➤ 项目团队建设 7 个相关理论

☐ 期望理论

——又称作效价－手段－期望理论，由北美著名心理学家和行为科学家维克托·弗鲁姆在 1964 年提出。这个理论的公式可以表示为：激动力量 = 期望值 × 效价。在这个公式中，激动力量是指调动个人积极性、激发人内部潜力的强度；期望值是根据个人的经验判断达到目标的把握程度；效价则是所能达到的目标对满足个人需要的价值。这个理论的公式说明，人的积极性被调动的大小取决于期望值与效价的乘积。也就是说，一个人对目标的把握越大，估计达到目标的概率越高，激发起的动力越强烈，积极性也就越大。

☐ 光环效应

——又称晕轮效应，它是一种影响人知觉的因素。个人在社会知觉中将知觉过程对象的某种总体印象不加分析地扩大到其他具体方面去的现象，如"爱屋及乌"。和光环效应相反的是恶魔效应，即对人的某一品质，或物品的某一特性有坏的印象，会使人对这个人的其他品质或这一物品的其他特性的评价偏低。

项目沟通管理

☐ 沟通是人们分享信息、思想和情感的过程

☐ 项目沟通管理是确保及时、正确地产生、收集、分发、储存和最终处理项目信息所需的过程

☐ 项目管理的沟通模型

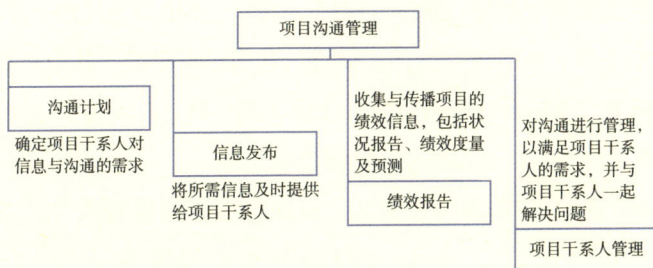

图 5-26　项目沟通管理

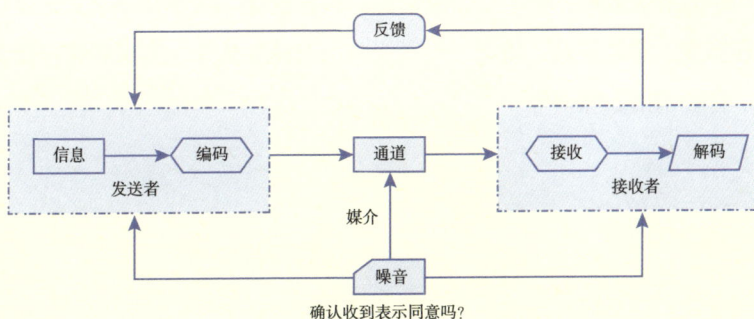

图 5-27　项目管理的沟通模型

➢ 沟通技术

━━━━━━━━━━━━━━━━━━━━━━━━━━━━

☐ 书面：A. 正式：报告、任务书、会议记录等；B. 非正式：备忘、个人笔记、不干胶贴纸等

☐ 语言：A. 正式：会议、评审等；B. 非正式：个人联系、集会、餐会讨论等

☐ 非语言：A. 正式：文字陈述、动画、视频等；B. 非正式：肢体语言、眼神等

例如，目光接触：友好、真诚、自信、果断；不做目光接触：冷淡、紧张、说谎、缺乏安全感；打哈欠：厌倦；跷脚：紧张、不耐烦、自负；双臂交叉胸前：生气、防卫、不同意；身体前倾：注意、感兴趣；坐在椅子边缘上：焦虑、紧张、有理解力的；摇椅子：厌倦、自以为是。

☐ 人际沟通中，7% 靠语言表达，38% 取决于语调和声音，55% 靠肢体语言

☐ 常见沟通障碍：过滤，延误或曲解信息

过滤：大量信息在上行沟通或下行沟通过程中损失掉，其主要决定因素是组织结构中的层次数目；延误或曲解信息：信息过载、缺少知识、文化差异、敌对不信任态度、滞留信息、情绪、沟通线路、选择性认知、发送者和接受者的物理距离、行业术语、噪声等。

➤ 人际沟通 4 种风格

☐ 理性型（分析型）：做事稳健，在掌握足够信息后，经过复杂运算才得出结论。容易被认为做事缺乏效率

——不牵扯情绪，提供系统完整的信息，给予足够时间，不强迫，不谈不切实际的话题。

☐ 表现型（亲和型）：擅长在沟通中创造融洽的氛围，但有时沟通呈现跳跃性，让人不明真正要表达的中心思想

——关心其情绪心情比关心事情更重要，幽默，非正式交谈。

☐ 实践型（操作型）：做事迅速，直至目标，沟通直白，容易使人尴尬

——理解对事不对人、绝对肯定对方能力、支持其看法、不拐弯抹角、直截了当由其做选择。

☐ 理想型：关注这件事对谁有益，能从中获得何种成就感

——强调信任与忠诚，给予真诚和强烈肯定，讲求团队合作，倾听。

➤ 项目沟通的原则

同理心、积极倾听、谨慎探询真相

☐ 内外有别：对内分歧，对外一致，一个团队一种声音

☐ 非正式的沟通有利于关系融洽

☐ 采用对方能接受的沟通风格：双赢

☐ 沟通的升级原则：横向沟通有平等的感觉，同时合理使用纵向沟通

沟通四步骤：和对方沟通、和对方上级沟通、和自己上级沟通、自己上级和对方上级沟通

☐ 扫清沟通的障碍：如职责定义不清、目标不明、过多使用行话等

项目风险管理

☐ 项目风险是一种不确定的事件和条件，一旦发生会对项目目标产生某种正面和负面的影响

☐ 项目风险既包括对项目目标的威胁，也包括促进项目目标的机会

☐ 项目不同阶段会有不同风险。风险大多数随着项目的进展而变化，不确定性会随之逐渐减少。最大的不确定性存在于项目早期

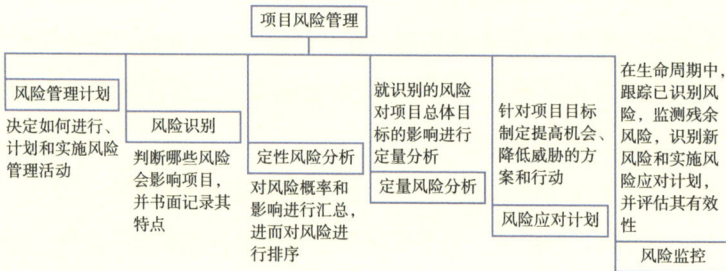

图 5-28　项目风险管理

> ## ➤ 风险分类

☐ 技术、质量或绩效风险：新技术、复杂技术、不切实际的绩效目标

☐ 项目管理风险：时间、资源配置不合理；项目计划质量欠佳

☐ 组织风险：成本、时间与范围目标内部相互矛盾，资金不足，资源冲突

☐ 外部风险：法律、法规、环境的变化，劳资关系等

☐ 注意：地震、洪水、内乱是不可抗力不是风险，不在风险管理范畴

➤ 风险评估与应对策略

- ☐ 消极风险或威胁的应对策略：回避、转嫁、外包、减轻
- ☐ 积极风险或机会的应对策略：开拓、分享、提高
- ☐ 威胁和机会的应对策略：接受（主动接受、被动接受）
- ☐ 应急应对策略：应急储备、管理储备

表 5-2　概率 - 影响矩阵

概率	风险值 = 概率（P）× 影响（1）				
0.9 几乎肯定	0.05	0.09	0.18	0.36	0.72
0.7 最有可能	0.04	0.07	0.14	0.28	0.56
0.5 中度	0.03	0.05	0.10	0.20	0.40
0.3 不太可能	0.02	0.03	0.06	0.12	0.24
0.1 几乎不能	0.01	0.01	0.02	0.04	0.08
	0.05	0.10	0.20	0.40	0.80
	对某一项目目标（如成本、时间或范围）的影响比值				

项目采购管理

- ☐ 项目采购管理是项目执行的关键性工作，是从项目外采购工作所需的产品和服务的过程。项目采购管理包括项目团队管理合同所需的合同管理和变更控制过程，同时也包括对项目买方与项目团队间合同的管理
- ☐ 项目采购管理过程包括：

  ——采购计划编制　　　——编制合同　　　——招标

  ——供方选择　　　　　——合同管理　　　——合同收尾

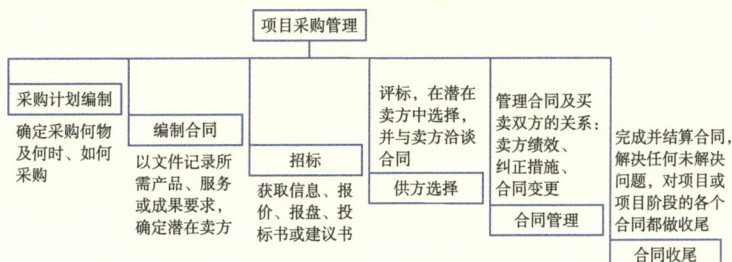

图 5-29　项目采购管理

59

➤ 自制 / 外购分析

☐ 决定某种产品是由团队生产还是外购

☐ 若决定外购，需要进一步决定，购买还是租赁

☐ 分析决策是应考虑直接成本（购买产品直接支出）和间接成本（管理采购过程带来的间接成本）

☐ 要能反映实施组织的长远规划和项目的当前需要

◆ *自制（The make decision）：成本更低（但并非总是如此）；综合操作更容易；使用现有的闲置生产力；稳定现有劳动力；保持直接的控制；保持设计 / 生产的秘密；避免不可靠的供应商。*

◆ *外购（The buy decision）：成本更低（但并非总是如此）；保持多种来源（合格卖方清单）；需求较少（自制不划算）；生产力或能力有限；利用供应商技能。*

项目干系人管理

☐ 项目干系人管理就是对项目沟通进行管理，以满足信息需要者的需求并解决项目干系人之间的问题，也可视为项目沟通管理中的一部分

☐ 项目经理负责项目干系人管理

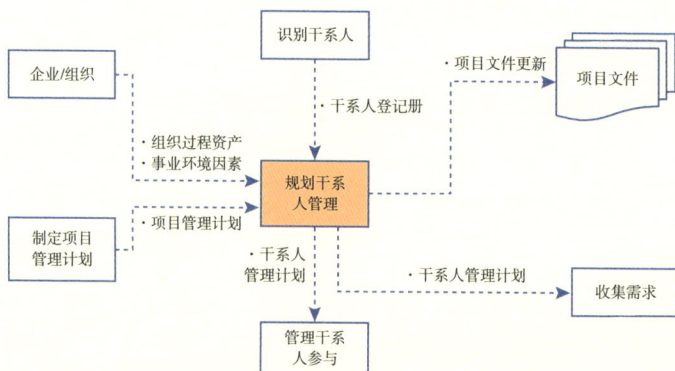

图 5-30　项目干系人管理

网络上流行的段子

某天晚上 8 点，宝宝提出肚子饿。

宝妈经过广泛市场调研，与宝宝沟通后，得出客户需要现烤蛋糕。

宝妈遂立项，并任命宝爸为项目经理。

宝爸经过前期预研和自制外购分析，决定自行开发芝士蛋糕。

解读

☐ 整体管理：啥事儿都管点儿

☐ 范围管理：就是知道自己该干点啥

☐ 时间管理：就是让你别心急，否则热蛋糕烫了你；但也不能不管不顾，否则就烤焦了

☐ 成本管理：就是用最少的钱，做最多的蛋糕

☐ 质量管理：就是做出合格小蛋糕

☐ 人力资源管理：就是让你手下的人死心塌地地干活，还不计较这么晚加班加点

☐ 沟通管理：就是有话好好说，宝宝你别急

☐ 风险管理：就是将烫伤等风险大事化小，小事化了

☐ 采购管理：就是买烤箱、买鸡蛋、买你需要的东西，记得别忘记签个合同

☐ 干系人管理：就是大晚上做蛋糕，声音要控制好，顺便和邻居打招呼，别被投诉了

第六部分：项目管理常用工具

项目管理常用工具汇总

- ☐ 项目管理三角形
- ☐ 关键路径法
- ☐ 工作分解结构（WBS）
- ☐ 甘特图
- ☐ 思维导图

项目管理三角形

☐ 项目管理三角形，是指项目管理中范围、时间、成本三个因素之间的互相影响的关系

☐ 项目管理三角形强调的是三方面的相互影响的紧密关系

（1）为了缩短项目时间，就需要增加项目成本（资源）或缩小项目范围；

（2）为了节约项目成本（资源），可以缩小项目范围或延长项目时间；如果需求变化导致扩大项目范围，就需要增加项目成本（资源）或延长项目时间。

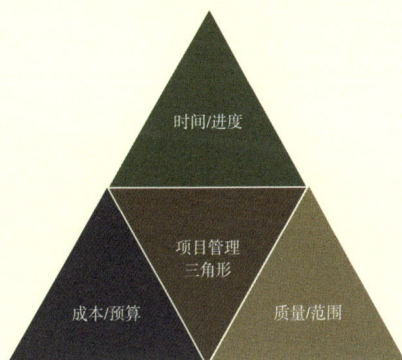

图 6-1　项目管理三角形

关键路径法

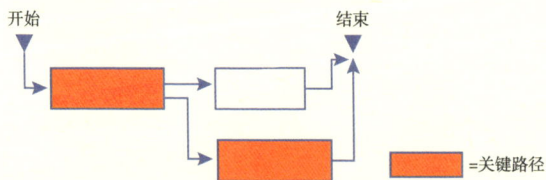

图 6-2 关键路径法

□ 关键路径法 (Critical Path Method, CPM) 于 20 世纪 50 年代由美国杜邦公司的管理实践提出，目的在于研究如何处理在工程项目中工期和费用之间的关系，他们研究的是如何能够采取正确的措施，在减少工期的情况下尽可能少地增加费用用于缩短项目时间。它是一种基于数学计算的项目计划管理方法，根据绘制方法的不同，分为箭线图（ADM）和前导图（PDM）两种

□ 关键路径是最长路径

□ 关键路径上任何任务的变化都会影响项目进程

□ 缩短工期的唯一途径就是缩短关键路径

□ 关键路径是浮动最小的路径

工作分解结构

□ 含义：将项目团队需要执行的工作以可交付成果为导向进行层级分解，来完成项目目标和创造所需的可交付成果

□ 把一个项目，按一定的原则分解，项目分解成任务，任务分解成一项项工作，再把一项项工作分配到每个人的日常活动中，直到分解不下去为止。即项目→任务→工作→日常活动

□ 有两种表现形式：树形的层次结构图、首行缩进的表格。后者应用更为普遍

□ 多种分解方式：依据物理结构、功能、地域分布、目标、部门、职能等分解

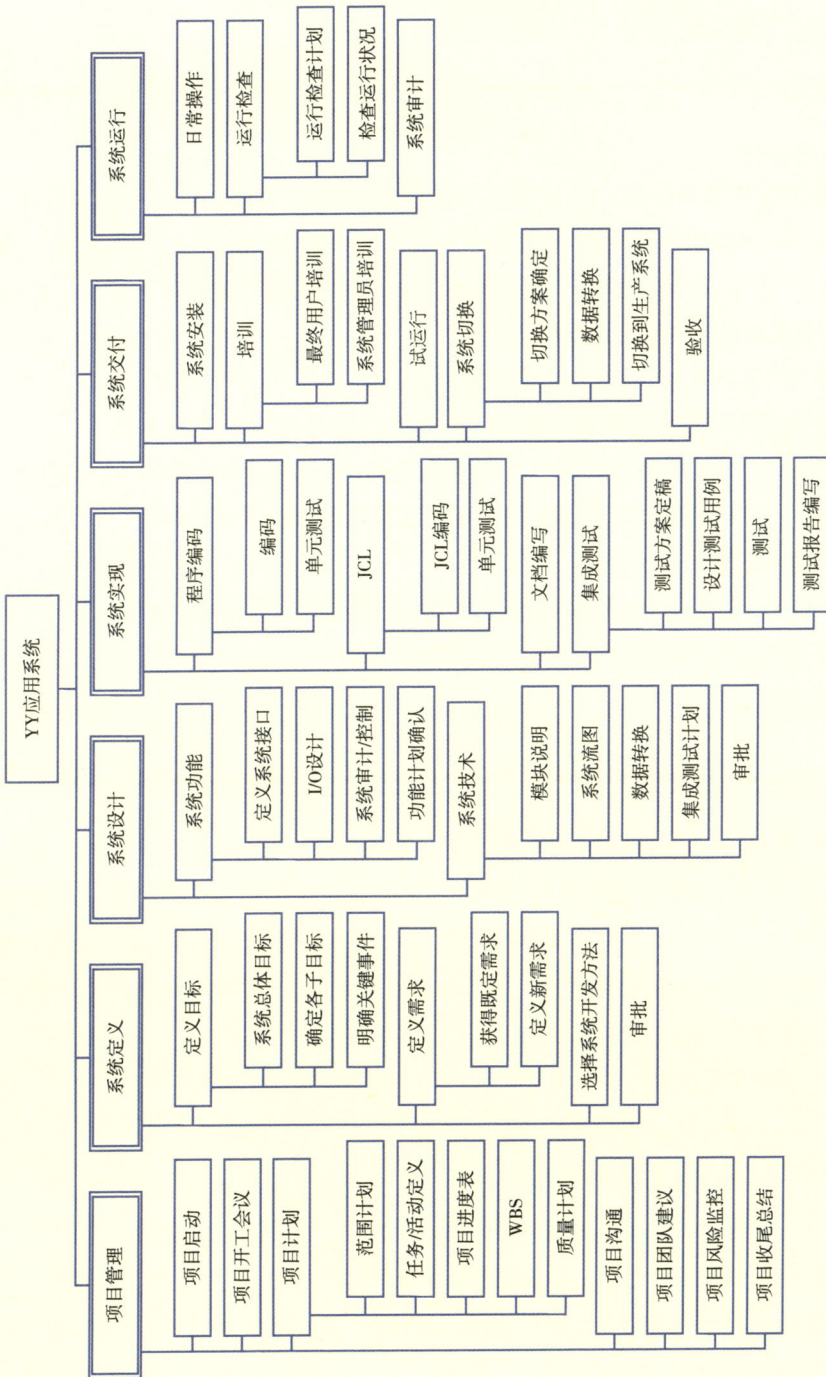

图 6-3 工作分解结构（WBS）

工作分解结构（WBS）

适用条件：

☐ 某项任务应该在 WBS 中的一个地方且只应该在 WBS 中的一个地方出现

☐ WBS 中某项任务的内容是其下所有 WBS 项的总和

☐ 一个 WBS 项只能由一个人负责，即使许多人都可能在其上工作，也只能由一个人负责，其他人只能是参与者

☐ WBS 必须与实际工作中的执行方式一致

☐ 应让项目团队成员积极参与创建 WBS，以确保 WBS 的一致性

☐ 每个 WBS 项都必须文档化，以确保准确理解已包括和未包括的工作范围

☐ WBS 必须在根据范围说明书正常维护项目工作内容的同时，也能适应无法避免的变更

☐ WBS 的工作包的定义不超过 40 小时，建议在 4~8 小时

☐ WBS 的层次不超过 10 层，建议在 4~6 层

甘特图

☐ 甘特图（Gantt Chart）是由亨利·甘特于 1910 年开发的，他通过条状图来显示项目、进度，和其他与时间相关的系统进展的内在关系随着时间推移进展的情况。其中，横轴表示时间，纵轴表示活动（项目）。线条表示在整个期间上计划和实际的活动完成情况。甘特图可以直观地表明任务计划在什么时候进行，及实际进展与计划要求的对比

☐ 甘特图包含以下三个含义：

——以图形或表格的形式显示活动；

——通用的显示进度的方法；

——构造时含日历天和持续时间，不将周末节假算在进度内

☐ 优点：图形概要化，易于理解，中小项目不超过 30 项，有专业软件

☐ 缺点：主要侧重于时间（进程）管理，仅仅反映项目管理中时间、成本、范围的约束关系

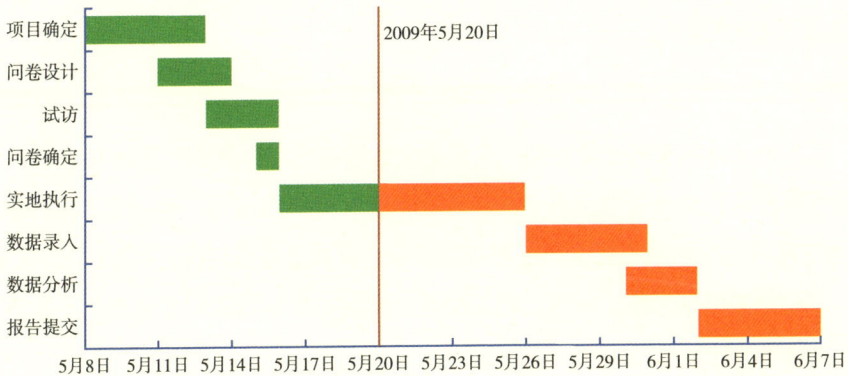

图 6-4　任务甘特图

甘特图

绘制步骤：

☐ 明确项目牵涉的各项活动、项目。内容包括项目名称（包括顺序）、开始时间、工期、任务类型（依赖／决定性）和依赖于哪一项任务

☐ 创建甘特图草图。将所有的项目按照开始时间、工期标注到甘特图上

☐ 确定项目活动依赖关系及时序进度

☐ 避免关键性路径过长。关键性路径是由贯穿项目始终的关键性任务所决定的，它既表示了项目的最长耗时，也表示了完成项目的最短可能时间

☐ 计算单项活动任务的工时量

☐ 确定活动任务的执行人员及适时按需调整工时

☐ 计算整个项目时间

思维导图

▢ 思维导图又称心智导图，是表达发散性思维的有效图形思维工具

▢ 和其他项目管理工具不同，思维导图没有那么正式，也就更灵活。你可以用它把项目分解成小任务，管理待办事项清单或者分析问题

▢ 通过思维导图，你可以插入图片、链接文件、隐藏分支来聚焦于某个部分，这些是其他项目管理工具做不到的

图 6-5　思维导图

参考文献

［1］柳纯录主编《信息系统项目管理师教程》（第2版），清华大学出版社，2008。

［2］程敏：《项目管理》，北京大学出版社，2013。

［3］〔美〕Project Management Institute 著《项目管理知识体系指南（PMBOK 指南）》（第5版），电子工业出版社，2013。

［4］〔美〕科兹纳著《项目管理：计划、进度和控制的系统方法》（第11版），杨爱华等译，电子工业出版社，2014。

［5］康路晨、胡立朋编著《项目管理工具箱》（第2版），中国铁道出版社，2016。

［6］房西苑、周蓉翌著《项目管理融会贯通》，机械工业出版社，2010。

［7］魏及淇著《项目管理实战全书》，北京工业大学出版社，2015。

［8］汪小金著《项目管理方法论》（第2版），中国电力出版社，2015。

［9］〔美〕杰克·R.梅雷迪思（Jack R.Meredith）、〔美〕小塞缪尔·J.曼特尔（Samuel J.Mantel, Jr.）著《项目管理：管理新视角》（第7版），威安邦译，中国人民大学出版社，2011。

［10］孙科炎著《华为项目管理法》，机械工业出版社，2014。

［11］〔美〕詹姆斯·P.克莱门斯、〔美〕杰克·吉多著《成功的项目管理》（第5版），张金成、杨坤译，电子工业出版社，2012。

［12］〔美〕肯尼斯·罗斯（Kenneth H.Rose）著《项目质量管理：从入门到精通》（第2版），中国电力出版社，2016。

［13］孙慧主编《项目成本管理》（第2版），机械工业出版社，2010。

［14］〔美〕Project Management Institute 著《进度管理实践标准》（第2版），电子工业出版社，2016。

［15］李跃宁、徐久平著《项目时间管理》，经济管理出版社，2008。

［16］〔美〕詹姆斯·S.奥罗克（James S.O'Rourke, IV）著《管理沟通——以案例分析为视角》（第4版），康青译，中国人民大学出版社，2011。

［17］舒化鲁著《企业规范化管理系统实施方案——组织架构管理》，电子工业出版社，2012。

［18］黄桂、付春光著《项目人力资源管理与激励》，中山大学出版社，2012。

［19］沈建明主编《项目风险管理》（第2版），机械工业出版社，2010。

［20］吴守荣等编著《项目采购管理》，机械工业出版社，2009。

［21］杨侃等编著《项目设计与范围管理》（第2版），电子工业出版社，2013。

［22］〔美〕项目管理协会著《工作分解结构（WBS）实施标准》（第2版），强茂山、陈平译，电子工业出版社，2008。

［23］刘艳著《你一学就会的思维导图》，文化发展出版社，2017。

［24］部分图表来源于网络，百度百科。

图书在版编目(CIP)数据

项目管理简明读本 / 北京牡丹电子集团有限责任公
司编. -- 北京：社会科学文献出版社，2018.6
　　ISBN 978-7-5201-2705-9

　　Ⅰ. ①项… 　Ⅱ. ①北… 　Ⅲ. ①项目管理－基本知识
Ⅳ. ①F224.5

　　中国版本图书馆CIP数据核字（2018）第091374号

项目管理简明读本

主　　编 / 王家彬　牛义周
副 主 编 / 韩　璐　徐　倩　曲　辰
编　　者 / 北京牡丹电子集团有限责任公司

出 版 人 / 谢寿光
项目统筹 / 宋　静
责任编辑 / 宋　静

出　　版 / 社会科学文献出版社·皮书出版分社 （010）59367127
　　　　　　地址：北京市北三环中路甲29号院华龙大厦　邮编：100029
　　　　　　网址：www.ssap.com.cn
发　　行 / 市场营销中心 （010）59367081　59367018
印　　装 / 三河市东方印刷有限公司

规　　格 / 开　本：787mm×1092mm 1/16
　　　　　　印　张：5　字　数：68千字
版　　次 / 2018年6月第1版　2018年6月第1次印刷
书　　号 / ISBN 978-7-5201-2705-9
定　　价 / 158.00元